JN410583

Youn Bummo

시인 윤범모

멀고 먼 해우소

윤범모 시집

멀고 먼 해우소

Poetics 시학

차 례

제1부 두려운 봄날

제2부 개가 된 처녀의 고백

제3부 윤필암 사불전은 없다?

제4부 동해별곡東海別曲(장시)

제1부

두려운 봄날

카메라 버리기

평생 동안 참 많이도 찍었다, 사진을
수만, 수십만 커트
왜 그렇게 찍고 또 찍었을까
사진 개인전도 열었고
사진집도 출판했다

목적 없이 친구 따라간
몽골 초원
백 번째의 해외여행 길에 처음으로
카메라를 챙기지 않았다

렌즈에만 담기는 풍경들
그것은 과욕이었다
기억의 창고에 쌓인 풍경들도 부담스럽다
나는 가지고 있는 것이 너무 많다

버리는 연습
이제 카메라를 버려야겠다
언젠가는 풍경도 버릴 것이다

의자

1

조그만 의자를 들고 풍경 속으로 갔다
강가에 내려놓고 앉으니
강이 내 것이었다

의자 위에 들꽃을 올려놓고 모시니
들꽃이 풍경의 주인이 되어
강과 산을 바라보았다

잘되었다
정말 잘되었다

2

이 의자에 앉고 싶은 분!
앞으로 나오세요

바람만 스쳐갈 뿐
모두 사양했다

잘되었다
정말 잘되었다

두려운 봄날
— 무소유의 유언

장례식을 하지 마라
수의도 짜지 마라
평소 입던 무명옷을 입혀라
관도 짜지 마라
사리는 찾지 마라
남은 재는 오두막 뜰의 꽃밭에 뿌려라

금지 사항이 왜 그렇게 많을까요
참으로 자상한 유언입니다
칠성판은커녕 대나무 평상 위에 눕힌 법구
가사 한 장 이불 삼고 다비식장으로 떠나더군요
그런데 웬 고급 캐딜락입니까
유언에서 빼놓은 운구차의 종류
왜 제자들은 최고급 차를 불렀을까요
아하, 유언이 그렇게 자세할 수밖에 없는 이유
캐딜락을 보고서야 알았습니다

이 세상 떠날 때
그토록 자세한 유언이 꼭 필요하다면
어떻게 마음 놓고 눈을 감을 수 있을지
나는 아득하고
두렵기만 한 봄날입니다

괜찮다

산에 올라갔다

카메라와 핸드폰
수첩과 지갑
색안경과 시계 다 내려놓고 올라갔다

풀잎과 친해졌다
목석도 애첩이 되었다
모두들 수청 들기를 기다리고 있었다

산행에서 얻은 횡재
그 재산 목록을 하나하나 기록할 수 없어
하산 길에
다 잃어버렸다

괜찮다
다음에는 알몸으로 산에 가야겠다

손

오른손과 왼손은 앙숙이 되어
저 잘났다고 으르렁거리기만 했다

싸우다 상처만 안겨 주었다
한쪽 손이 썩기 시작했다
온몸으로 균이 번지면서
커다란 덩치가 위태롭게 되었다

이쪽 손을 닦아 주는 것은
저쪽 손이라는 사실
두 손을 모아야 사랑이 꽃핀다는 사실을
잊고 있었다

자, 모두들
두 손 높이 들고 박수 칩시다
나만 잘났다고 치켜드는 한 손은 잊고
두 손을 높이 듭시다

낙법

싸늘하게 바람 부는 날
아이들을 스키학교에 등록시키고
멍하니 눈 구경만 하다가
덤으로 낀 스키 초급반

수상 경력이 화려한 강사에게 배우는
스키 걸음마
아장아장들 궁둥방아로 정신없는데
저 멀리 능선의 활강하는 선수들
천국에서 내려오는 날렵한 천사 같다

강사는 힘주어 강조한다
스키에서 무엇보다 중요한 것은
넘어지는 법
넘어지는 법을 집중 훈련시킨다
하기야 넘어지는 것보다 더 중요한 것이 어디에 있으랴

넘어지고

또 넘어지고

질펀하게 끌어안은 낙법

연습 없이도 무참하게 이어지는 넘어지기 인생 실습

넘어지지 않고

일어서는 것 세상 어디에 있으랴

밥상 물리는 재미

대학원생들이 실기실 앞 잔디밭으로 초청을 했다
어둠과 함께 장작불은 타오르고 삼겹살 익는 내음 캠퍼스를 흔든다
스승의 날이라고 졸업생들도 여럿 보인다
내가 얼른 알아보지 못한 여학생 하나, 짙은 화장 앞세우고 인사를 한다

이제 시집가도 될 만큼 숙녀가 되었구나!
그렇지 않아도 얼마 전 결혼했어요
그래! 축하한다 신혼 재미가 어떻더냐?
저어, 한마디로 신랑하고 밥 먹다가 눈빛만 마주쳐도 밥상 물리는 재미, 바로 그거예요
뭐, 밥상 물리는 재미?

얼굴빛조차 바꾸지 않고 말하는 새색시
그 옆의 장작불만 대신 붉게 타오른다
나는 삼겹살 들었던 젓가락 내려놓고 죄 없는 불씨만 들쑤신다
목마른 장작들 시뻘겋게 타오르는 봄밤이다

청산이더냐, 백운이더냐

결국 아무도 없는 방
어쩌다 이쪽저쪽 휩쓸리다
세월만 흘려보냈다
청산 칸에 얼쩡거렸지만
주인 노릇 하지 못했고
백운 칸에 흘러갔지만
나그네 대접도 받지 못했다

이게 아닌데
이게 아닌데
엉거주춤 세월만 쪼개다가
뜨락의 불두화 꽃피는 것 놓쳐 버렸다

오기로 도끼 품고 가
청산 백운 좌석표를 거덜 내고 나오니
바람은 여전하다
동풍 따로 없고 서풍 따로 없다

지게

좁은 길 혼자 가다
나무그늘 아래 지게를 내려놓고
팔베개 삼아 눕는다
잠결에 살포시 안아보는 꽃다발
아, 멋져!
(가끔은 이렇게 꽃들이라도 안아 봐야지
안 그래?)

평생 짊어지고 다니자니 힘들고
그렇다고 버릴 수도 없는 것

똑바로 걸어가라고 항상 주의를 받고 있지만
옆길로 새는 맛
(그렇지, 그 뭐라더냐
탈선의 묘미
그대도 이미 알고 있으렷다!)

아, 무겁다

내 등을 찍어 누르고 있는
저, 지게
지계持戒!

(나는 지게를 버리고 강 건너 언덕으로 간다
아니, 희망 사항이다
지게를 박살 내고 싶은)

소금단지

가야산 해인사를 제대로 보기 위해
맞은편 남산 제일봉에 오르다
한눈에 들어오는 천왕봉
그 품 안의 신라 고찰이 정갈하다

천 년 동안 장경각 모시고 있는 대가람
화마가 제일 무섭다
이를 퇴치하고자
남산 제일봉 정상에 매년 소금단지를 묻는다

남산 꼭대기 위로 모셔 온 소금단지
아, 바다
그 망망대해
오늘도 아무 말 없이 해인을 지켜 주고 있다

애인아
그대는 모를 것이다
그대를 지켜 주기 위해 내 가슴속 깊이 묻어 놓은
소금단지를

물 잔에 담기는 달빛

우물을 판다
한 삽만큼 비워지는 땅
그만큼 채워지는 바람
(하기야 우리네 삶, 바람이 왔다 가는 일이지)

우물 한 두레박 퍼 올린다
보름달도 덩달아 끌려온다

친구들 잔에 물을 따른다
잔 가득히 나누어 주어도
달빛은 줄어들지도
상처를 남기지도 않는다

그대 잔 속에 담긴 달빛 우물
초승달인가
(아무것도 보이지 않는다고?)
보름달인가
(아니, 우물 팔 땅만 필요하다고?)

강을 건너고 싶다

1

물살 급한 강가에서 스님 일행이 강을 건너려니
어여쁜 여인 나타나 노스님에게 부탁한다

나도 건너게 해 주세요

스님은 여인을 업고 강을 건넌다

닷새 후 여행을 마치고 절에 돌아오자
함께 갔던 젊은 스님들이 따진다
스님이 어떻게 여자를 업을 수 있습니까
여자 몸을 만졌으니 파계한 것입니다

노스님은 말한다
나는 여자를 강 건널 때만 업고 있었는데
너희들은 닷새 동안이나 계속 업고 있었구나
(옛 사람의 일갈, 참으로 통쾌하다

도둑놈아, 너도 그렇게 생각하느냐)

2

나도 강을 건너고 싶다
여인을 등에 업고 강 건너고 싶다

하지만 여인은커녕 세월의 앙금만 등에 업힌 채
강여울 비껴 떠내려간다

(차안此岸에서
강 건너 갈 예쁜 여인이나 기다리고 있는
도둑놈 하나
소낙비에 온몸이 후줄근해진다)

불두화佛頭花 법문法門

돌계집이라 해도 좋다
궁형宮刑을 받았다 해도 좋다
달콤한 사랑의 꿀은커녕
암술 수술 모두 망가진 사타구니
어디에도 성감대는 없다

사막이면 어떠랴
벌 나비조차 얼씬거리지 않는
이 백척간두에서
멸종을 각오하고 불 밝히는
용, 맹, 정, 진
그래도 봄이 오면 가슴 뜨거워진다

초파일이면
법당 뜨락에 하얀 꽃등을 밝힌다
지성으로 여래를 흉내 내었음인지
소라 닮은 꽃
천상 불두佛頭이다

자궁 들어내고 얻은 한 소식
매사는 마음이다

버려라, 뭐가 아쉬워
아직도 그 무거운 것 붙들고서 쩔쩔매고 있느냐

왜, 오줌 마렵냐?

동행

꽃 피는 월요일 아침
출근길의 자동차들
빈틈만 생기면 어거지로 끼어든다

버스가 지나간다
근조
오, 영구차
우리들은 앞서거니 뒤서거니
다정하게 전진한다

영구차를 추월하니
저승길 인도하는 길잡이인가

우리는 함께 출근한다
물론 목적지는 다르다
아니, 같다

길가의 꽃 활짝 피어오른다

함께 가는 길
축복이다

달빛 소나기
— 문경 봉암사 객사에서

세상은 자꾸 깜깜해지기만 하는데

잠결을 뒤흔드는 소리
초겨울에 웬 소나기인가
툇마루 밖의 신발을 안으로 들여놓으려고
문풍지 흔들리는 방문 열고 나가니
보름달 혼자 등불 들고 마중 나와 있더라
신바람 난 계곡 소리 더욱 우렁차고
아, 물방울이 모여 소나기 합창하고 있구나

수마睡魔에 빠져 일생을 보낼 수는 없는 것
계곡의 물들
잠들지 않고 만행을 계속한다

해제철일지언정
외부 인사 출입 절대금지!
산문폐쇄의 가람을 독차지하고도

나는 잠만 자고 있었다니!

달빛은 소나기 죽비를 불러 모아
절 마당을 가득 채우고 있더라

복수초*에 얼굴을 붉히며

누구를 위해서도
나, 알몸으로 얼음을 녹여 본 적 없습니다
그러면서 한 송이 꽃을 피웠다고 자랑했습니다
내 마음의 차디찬 얼음장 하나 녹이지 못하면서
어찌 그대에게 온몸 바쳤다고 말할 수 있겠습니까
사랑한다는 고백
이제야 거짓이었음을 깨닫습니다

이른 봄날의 칼바람
더 세차게 몰아쳐도 고개 돌리지 않겠습니다
사랑한다는 말이 모두 비수가 되어
내게 되돌아온다 할지라도
입 다물고 있겠습니다

알몸으로 얼음 녹여 꽃 피워 본 적 없는
서푼짜리 욕망의 푸댓자루
언제까지 떠받들며 속주머니를 키워야 할까요

복수초

그대 앞에 무릎 꿇고 참회합니다

---

* 복수초(Adonis amurensis, 일명 설연화, 빙리화)는 이른 봄날에 얼음을 녹이고 올라와 노란 꽃을 피운다. 영하의 날씨에도 불구하고 꽃의 체온은 영상 11도를 유지한다. 햇빛을 가리는 키 큰 낙엽수림보다 일찍 성장하여 꽃을 피운다.

누구보고 손가락질하냐

꽃 내음이다
그는 분명 꽃밭에서 왔을 것이다

비린 내음이다
그는 분명 생선가게에서 왔을 것이다

처음에는 꽃 내음만 좋더니
세월의 상처 그늘에 부대껴서 그런가
이젠 비린 내음마저 좋아지더라

동네 어귀의 꽃밭
그 옆에 새로 문을 연 어물전
무심해지더라

세상의 숱한 냄새 냄새들
손바닥 안에서 머물다 손 씻고 가는구나
그런데 너는 누구보고 손가락질하는 것이냐

땀 냄새에 전 그대의 손 잡고
언덕에 올라 마냥 흔들어 대고 싶구나

분별심分別心 놓아 버리라고
모든 것 다 털어 버리라고
세차게 불어오는 바람에게
마지막 재산인 기일忌日까지 맡기고 싶더라

제2부

개가 된 처녀의 고백

종마種馬가 되고 싶다!

밤이 깊어 갈수록
흑마 이리 뛰고 백마 저리 뛰고
신나는 말 이야기, 말이 많다

1. 말이 싫어하는 놈들은?

말 더듬는 놈
말 꼬리 잡고 늘어지는 놈
말 자주 바꾸어 타는 놈
말 더듬다가 딴소리하는 놈

몽골 초원에서 만난 한 떼의 말들
늘씬하게 생긴 놈을 골라 올라타니
개선장군이 따로 없다
달릴수록 휘날리는 목덜미 뒤의 갈기
갈기는 종마에 대한 예우라 한다

2. 원주민이 묻는다

종마 한 마리가 몇 마리의 암컷을 거느릴까
다다익선!
아니다, 열두 마리 정도
음, 그것도 근사하군

말의 평균수명은 삼십 년, 그렇다면 종마는?
글쎄, 꽃밭에서 산 젖값은 받아야겠지
종마의 수명은 보통 말의 꼭 절반이다
뭐, 절반!
(오, 위대한 색色! 꽃이여, 꽃밭이여!)

3. 오늘밤도 강남은 불야성

꽃밭 속의 종마 흉내 내려는 놈들
말 꼬리라도 잡고 말 바꾸어 타려는 놈들

그들의 요란한 기도 소리
나도 좀비가 되고 싶다!
(솔직히 말해 봐, 그럼 너는?)

멀고 먼 해우소解憂所

— 해인사 백련암에서

가야산 깊은 밤
덩치 큰 짐승의 할 소리에 잠을 깨다
방문을 여니 찬바람 떼로 몰려오고
맞은편 능선 위의 별 수좌 초롱초롱하다
담장 곁의 깡마른 대나무 선승들
머리 조아리며 증도가證道歌를 암송한다

아, 깨어 있구나
모두들 철야 용맹정진하고 있구나

멍청한 잠꾸러기 하나
겨우 오줌보나 채우고 있었는데
한 소식 얻은 만물들
기쁨에 겨워 춤추고 있구나

캄캄한 밤
염치불구하고 박차는 문
멀고 먼 해우소 가는 길에

드디어 터지는 오도송悟道頌

아, 오줌 마렵다!

감나무, 쟤들 왜 그래?

1

찬바람 불러 털어 버린
푸른 옷자락

황금 사리舍利 몇 개 남기고
하늘을 더욱 짙푸르게 끌고 온다

고단한 까치들
쉬어 가게도 하고

(감나무, 쟤들 왜 그래?)

2

하늘을 손바닥으로 가려서라도
평생 제 몫만 챙기려 하는
감나무 그늘 아래의 불한당

까치에게조차
좌냐
우냐
멱살 잡고 따지면서
희소식만 요구한다
때가 되었는데도
제 마음 한쪽조차 비울 줄 모르면서

챙기느라 등 굽은 그림자 대신
사리 나무들만
털어 내고
또 털어 낸다

(감나무, 쟤들 왜 그래?)

버섯과 인간

1

생물학자가 묻는다
인간이란 존재가 모두 사라진다면
지구는 어떻게 될까?

정답을 말하면
아무런 일도 일어나지 않는다!
뭐, 아무 일도 일어나지 않는다고?
오히려 지구를 위하여 좋은 일만 생긴단다

생물학자가 다시 묻는다
지구 상에서 버섯 종류가 모두 사라진다면?

정답은
지구가 위태로워진다
뭐, 버섯이 그렇게 중요한 존재였다고?
버섯은 숲을 청소해 주며 건강하도록 도와준단다

숲은 생명의 보금자리가 아닌가

2

기름기 줄줄 흐르는 사내들
오늘도 스태미나 운운하며
일 능이
이 표고
삼 송이
제 몸 보신하기에 정신없다
도대체 얼마나 많은 조개가 필요하단 말인가
도대체 하룻밤에 몇 탕을 뛰어야 만족한단 말인가

버섯만도 못한 인간들
예쁘게 생길수록 독버섯이란 것을 모르는

친구가 보낸 버섯 이야기 편지를 읽다가 쓰레기통에 던진다

구겨진 말씀 다시 꺼내
버섯 하나 그려 놓고 책상 앞에 모시는
잠 못 이루는 어떤 밤

파란 하늘 어쩌고, 반짝이는 별 저쩌고

1

인간들아, 세상천지 넓은 줄 모르고 쪽박 한구석에 붙어
제 잘난 맛에 기고만장 설쳐 대고 있는 인간들아

그대들은 노래한다
"푸른 하늘 은하수", 어쩌고저쩌고
미안하지만 하늘은 본디 푸른색이 아니니
하나는 알고 둘은 모르는구나, 불쌍하도다
그렇다면 달의 하늘은 무슨 색깔이겠느냐
대기층이 없는 달은 대낮에도 까만 하늘일 뿐이니라
이제 내 비로소 한마디 이르노니
하늘이 파랗게 보이는 것은
지구를 둘러싸고 있는 대기층이 햇빛 속의
파란색만 걸러 보내 주기 때문이니라
우주는 원래 검은색
천자문조차 첫머리에서 일렀듯이 천지현황天地玄黃
이 아니더냐

하늘은 밤낮없이 그저 깜장일 뿐이로다

2

인간들아
잘난 체하며 평생 허송세월만 붙들고 있는 인간들아
그대들 불쌍하여 내 한마디 덧붙일까 하노라
그대들은 노래한다
"반짝반짝 빛나는 별", 어쩌구저쩌구
미안하지만
밤하늘의 별은 스스로 반짝거리지 않느니라
별들이 반짝거리는 것처럼 보이는 것은
대기권의 움직이는 공기들 때문에 그런 것뿐이란다
우주 속의 별들은 스스로 반짝거리지도 않고
어떤 소리도 내지 않는단다
게다가 밤에만 별들이 나타나는 것이 아니라
대낮에도 제 자리를 지키고 있으나
태양 때문에 보이지 않을 뿐이니라

3

인간들아
이 가련한 인간들아
그대들의 추억과 꿈을 빼앗는 것 같아 미안하다만
언제까지 착각 속에서 희희낙락하고만 있을 것이냐

푸른 하늘 어쩌고
반짝반짝 빛나는 별 저쩌고

뭣도 모르는 인간들아
너희들 정말
행복하냐?

4

(하늘님
하늘이 푸른색이든 빨간색이든 그것이 무슨 상관입니까

나 하나만 잘 살면 그만이지

별걸 다 가지고 시비야, 재수 없게!)

개가 된 처녀의 고백

1. 멍멍, 으르렁, 멍멍멍

천만다행입니다
부모가 술주정뱅이였던 것은
나는 세 살 때 거리에 방치되는 신세가 되었지요
가까스로 기어들어 간 곳
거기가 바로 개 사육장이었습니다

2. 나는 개가 되었습니다

오 년 정도 개들과 재미있게 살던 어느 날
본격적으로 나의 불행이 시작되었지요
인간에게 나의 존재가 발견되었기 때문입니다
'개들과 함께 살고 있는 소녀!'
나는 졸지에 언론의 스타가 되었고
이내 병원이다, 실험실이다, 뭐다,
끌려다니기 시작했지요

소위 인간 교육이라는 것 때문이었습니다

3. 지금 내 나이 스물세 살

몸은 성숙한 처녀일지 몰라도
아직 네 발로 기어다니는 것이 편하고
짐승의 소리가 더욱 아름답습니다

멍멍, 으르렁, 멍멍멍

4. 인간이 뭐 그렇게 위대하다고

두 발로 서서 고개를 높이 쳐들라고 강요합니까
감언이설도 인간의 것
왜 그렇게 번드르르 말만 많습니까
개만도 못한 것들이 마구 설치는 인간세상에서

사람 흉내 내는 것이 두렵기만 합니다

나는 개가 더 좋습니다
멍멍, 으르렁, 멍멍멍

---

* 1991년 우크라이나의 개 사육장에서 5년 만에 8세 소녀를 발견한 사실이 있다. 그의 이름은 옥시나 말라야, 하지만 그는 성인이 되어서도 말을 할 줄 몰랐다. 학자들은 말한다. 5세까지 언어를 배우지 않으면 뇌의 언어 습득 기능이 사라진다고. 개가 기른 소녀, 그는 인간의 언어를 잃었지만 과연 행복지수까지 잃은 것일까. 목하 고민 중이다. 멍멍멍!

하루살이

인간 수명은 날로 늘어 가고
노인만 즐비해 사회문제라는 나라
백 살까지 사는 것 이제 남의 이야기가 아니다

인간들
하루살이보고 한심하다고 손가락질한다

겨우 하루를 살려고 나왔느냐
그깟 놈의 하루는 무엇하러 사느냐

저 높은 곳에서 내려다보고 있는 태양
까불고 다니는 인간에게 한마디 건넨다

불쌍하구나, 인간들아
너희들이 백 살을 사느니 어떠니 떠들어도
순간일 따름이니라
태양인 나의 수명이 백 살이라면
인간들아

너희들 생애는 불과 삼십 초뿐

뭐, 하루살이가 어떻다고?

강물이더냐, 눈물이더냐

— 얘야, 아범아, 설날 아침 남산자락에서
강남을 바라보며 몇 자 적는다

어린 시절 소풍 가던 압구정 과수원이나
소똥 말똥 즐비하던 말죽거리가 보이지 않아 답답한데
숲을 갉아먹고 자란 울퉁불퉁 고층빌딩들
지들끼리 키 자랑하며 난장판을 이루고 있구나
이제 노른자위 땅이 되었다고
욕망의 덩어리만 하늘로 하늘로 치솟고 있구나

얘야
저 몸부림이 한강이더냐
강남을 에워싼 시멘트 제방에 알몸으로 부대끼는 것
여울이냐, 목울음이냐
상처만 더욱 깊어 가는
그것은 강물이더냐, 눈물이더냐

말이 좋아 아름다운 수도 서울이지
한강은 골병들어 신음 소리만 흘리고 있구나
누가 한민족의 젖줄이라고 흰소리 쳤다더냐

한강의 짓무른 맨살은 고름으로 흐르고 있구나

애야
매사 그렇고 그런 나날이니
하늘이라고 마음 편하겠느냐
잔뜩 찌푸린 낯으로 회색 도시를 받들고 있구나
설날은 무슨 설날?
달력을 찢어 강가에서 방생放生이라도 해야겠구나

애야
우리들의 한강은 지금 어디에 계시다더냐

이판사판 정말 황인가?

— 아주 먼 옛날 오동나무 숲에서 신랑 봉鳳과 신부 황凰이 만나 봉황으로 잘 살고 있었답니다. 그런데 인간이라는 이름의 동물이 나타나 차이를 차별로 여기고 제멋대로 난도질하기 시작했습니다. 그들의 얼굴은 두 개라는 주장도 없지 않습니다만.

뭔가 수지맞는 일이 생기면
봉 잡았다고 폼 잡는다
뭔가 형편없는 일을 당하면
황이라고 고개 숙인다
한데 어울려야 봉황이 되는 것을

겉으로는 황이라고 손가락질하면서도
암컷 꼬이기에만 정신없는 수컷들
그야말로 야단법석이다

야단에 법석까지 차렸는데
어찌하여 법문은 들리지 않고 아우성만 무성할까
선승도 보이지 않고
주지도 사라졌으니

정말 이래도 좋고 저래도 좋은가
이판사판
강력 잠금장치의 금고만 커지고 있다

봉 잡고 싶다
눈 빨개진 사내들
봉황 문장으로 울타리 친 푸른 기와집을 향한
굴신屈身만 넘치고 있다

아, 이판사판 개판 이놈의 세상
정말 황인가?

너도 야한 여자가 좋으냐

평생 한 번도 뱉어 보지 못한 말
나는 야한 여자가 좋다!

대학 교수라면 하고 싶은 말은 하고 살아야지
당당히 쫓겨 가는 그 모습
아, 부러워라

나는 야한 여자가 좋다
가자, 장미여관으로
이렇게 노래한 교수
그런데 자신의 시집에 여제자 습작시를
몰래 숨겨 왔다나 어쨌다나

야한 여자 꾀어내려고 입에 문 장미 한 송이
가시에 찔려 비록 핏방울 떨어질지언정
나에게 말 시키지 마라
장미 떨어질라

너도 야한 여자가 좋으냐

장미 한 송이 입에 물게 해 주랴?

---

* 야한 여자를 노래한 시인의 시집에 수록된 여제자의 시 일부를 활용하였음.

영월 청령포에서

1. 강원도 영월 깊은 곳에 웬 섬인가

아담한 소나무 숲
잡인 물리치는 금표비禁標碑 세워 놓고 소도蘇塗인양 엄숙하다

지나간 왕조의 숨결이 있다 하여
나룻배 타고 작은 강을 건너니 예가 청령포인가
유배 온 어린 단종의 한숨 소리가
소나무 가지 끝마다 바늘가시로 뭉쳐 있다

상처투성이의 살갗 터지며 등 굽은 소나무 신하
어전御前의 측면에서 조아리고 있는 평생의 곡배曲拜
어느 사육신의 초상인가
푸른 정신은 오늘도 싱싱하기만 하다

2. 코미디 촬영차 강호동이 지나간 후

근래 방문객이 부쩍 늘었다는 안내원의 설명에
아줌마들은 끙끙 신음 소리를 내고
몇몇 신사들은 복위復位 음모라도 하는 듯 사뭇 비장하다

— 이 정도 소나무 한 그루면 몇천만 원이나 할까
— 청령포가 유배지라더니 별장 지대 같지 않은가
— 누가 아니라나
(위덩더둥셩)
— 이 동네 땅값이나 알아보러 가세
(아으, 다롱디리)

유배지의 소나무들
허리 곧추세우며 두 눈을 부릅뜬다

달빛 떨어지는 소리

1

통도사 서운암 마당 가득
한가위는 보름달을 끌고 나와 법석法席을 차린다
깊은 산중에 토굴 하나 지어 놓고 스무 해 이상 독거獨居 중인 스님도
누더기 걸치고 내려와
달빛과 어울려 퉁소를 불고
손수 만든 탄공금彈空琴으로 하늘과 희롱한다

눈먼 중생들 무현금無弦琴 소리 들을 수 없어
아름드리 오동나무 판에 매단 서른세 개의 줄
삼십삼천을 품은 가락으로 지친 마음 달래 준다

한번 흘러가면 그뿐인 우리네의 한평생
선율도 한번 흘러가면 그뿐
즉흥곡의 채보採譜조차 거부한다
그래, 한번 가면 그뿐

무얼 재연再演하려 하는가
일기일회一期一會라 했거늘
우리네 인생 한번 타면 그뿐, 무얼 재연再燃하려 하는가

2

제자의 가락에 취한 노승
과수원 곁의 정자에서 달 구경 하잔다
억새로 지붕 이고 옻칠까지 먹인 풍류 모정茅亭
후광으로 달빛까지 거들어 준다

노승은 말한다
요즘 도회지 사람들은 서양식 건물에서 살아서 그런지
낙숫물 소리를 잃어버린 것 같아
자연의 소리가 뭔지, 운치가 뭔지 모르고 사니
참 불쌍한 인생이야
어때, 보름달밤에 소나기 소리 한번 들어 볼까

내가 추석 선물로
낙숫물 소리 한 아름 안겨 주지

노승께서 형광등 불 켜듯 단추를 누르니
사방의 지붕 끝자락은 이내 소나기 빗줄기로 가득 찬다
즉흥곡으로 펼쳐지는 낙숫물 연주
어린 시절 초가에서 살던 추억이 절로 샘솟는다

높은 산에서 물줄기를 끌어오니 수압 때문에
전기 동력 없이도 감상할 수 있게 되었다는
지붕 자락에 매달린 소나기 병풍의 낙숫물 소리
아, 세상에는 물 떨어지는 소리도 다 있구나
보름달밤 처마 끝에서 연주하는 낙숫물 가락
어느 선승의 법어인가

3

한가위 보름달이 걸쳐 있는 신라 적멸보궁 곁에서
퉁소 소리에 취하고
처마 밑 낙숫물 소리에 취하고
바람 소리에 취하고

아, 취한다
주정뱅이 하나 비틀거리면서 소리 지른다

야 이놈아, 보름달아
달빛 떨어지는 소리에
귀가 아프다

미망인

또다시 날이 저물고 있습니다
세상엔 왜 이렇게
추락하는 것들만 늘어나고 있는지 모르겠습니다

오늘은 뭔가 달라졌으면 좋겠다는 듯
이슬비가 검은 거리를 청소합니다
덩달아 꽃잎들도 지상을 화사하게 꾸밉니다

기다리던 무릉도원은 산 너머에서 넘어졌다는데
바다 건너에서 들려오는 소식은 전쟁과 기아 이야기뿐
오욕의 이 땅에서 치부한 돼지 졸부들은
오늘밤도 나 하나만의 스태미나를 위해
눈이 벌게지는 봄입니다

봄이 와도 봄 같지 않은 세월
아니, 남루의 사람들은 봄의 사망신고를 준비하고 있다는데
봄 송장이 널려 있는 거리

제철이라고 의례용으로 피는 꽃
만발한들 무슨 소용이 있습니까

근조謹弔 신춘新春!

이 봄의 사내들은 모두 미망인입니다

소나무 세상의 신음 소리를 듣다

1. 문제는 낙엽 무덤

마을 사람들 부엌을 보일러로 바꾸니
산에 나무하러 갈 일이 없어졌다
대신 나뭇잎은 저희들끼리 포개고 포개면서
낙엽 무덤을 키우고 있다

아무리 우수수 떨어져도 땅 내음 맡을 수 없는 솔방울들
새싹을 틔우지 못한다
낙엽은 소나무 씨를 말리는 심술 꾸러미
차라리 잣이나 도토리라면 다람쥐가 운구運柩라도
해 줄 텐데
아무도 쳐다보지 않는 솔방울, 불쌍한 신세가 되었다
어쩌다 산불이라도 나면
두툼한 낙엽은 온 산을 불바다로 만들고
게다가 속불까지 숨기고 있어 진화 작업에 애를 먹인다

거름이라고 좋아했었는데

이제 낙엽은 소나무의 천적인가

2. 감당할 수 있을 만큼 덩치 키우기

밀림처럼 우거진 숲속의 소나무들
이웃 나무들 그림자 속에 묻히지 않으려고 키 크기 보조를 맞춘다
수직으로 늘씬하게 뻗은 소나무
일조량 확보를 위한 생존경쟁의 결과인가
같은 소나무라도 왕릉에서 자리를 잡았다면
하늘로 치솟지 않고 옆으로 몸을 불린다
그렇다고 욕심쟁이 누구처럼 무조건 덩치만 키우지 않는다
소나무 선비는 뿌리의 역량만큼 체중을 조절한다

3. 난세에 경치가 좋다고?

개발과 공해 때문에 몸살 앓고 있는 나무들
소나무 역시 난세에 살아가기 힘들다고 아우성친다
뭣도 모르는 인간들
소나무 비명을 송뢰松籟니 솔바람 소리니 어찌고저찌고 예찬한다
관상수니 조경이니 떠들면서 한밑천 챙기려 한다

소나무 신음 소리야 어떻든
전국 도처에서 들려오는 어떤 동물들의 웃음소리
경치, 조오타! 지화자
큰돈, 벌겠구나! 얼씨구

그리고 아무 일도 없었다

그날 우리는 옥새를 빼앗겼다
그리고 아무 일도 없었다

1. 감투 사냥꾼

늦여름 폭염으로 찌들어 있는데
청문회라든가 그 뭐라든가
국무총리와 장관 후보자들 세워 놓고 속주머니를 탈탈 털다
평생 국가를 위해 그것도 청렴하게 살았기에
고관대작은 마땅히 내 것이라는
저 뻔뻔한 감투 사냥꾼들

2. 어허, 이 무슨 악취인가

허우대는 멀쩡해도 쏟아지는 말 불결하기 그지없다

부동산 투기, 위장전입, 병역 기피, 탈세, 허위진술 등등
하기야 그까짓 법은 무지렁이나 지키는 것
출세 가도에 탈법과 부도덕이 뭐 그리 대수란 말인가
일찍이 청와대 주인도 이 점을 일러 주었거늘
유유상종이란 말을 제일 좋아한다면서

3. 왜 그냥 왔는가

차기 대권 운운의 사냥꾼 드디어 고개 숙이고 도망가는데
예나 지금이나 감투 언저리의 구린내는 사라질 줄 모르는데
왜 그냥 왔는가
백 번째의 8월 29일
경술국치!

오늘 우리는 순결을 빼앗겼다
그리고 아무 일도 없었다

저 홍어 수컷이 부럽다

1

어부, 홍어를 건져 올린다
암컷이다
음, 암컷은 좋지, 좋아
부드러워서 좋고말고
씹히는 맛도 천하일품이고

당신, 왜 침부터 흘리고 그래?

어부, 홍어를 건져 올린다
수컷이다
음, 수컷은 재미없지
어부, 사타구니의 돌출부를 도려낸다
몇 푼 더 벌기 위해

2

당신, 홍어 맛을 아는가
코, 애, 날개, 속살
부위별 순서의 그 맛을
그러니 미식가에게 어떻게 거시기를 내밀겠는가
사내들은 그저 암컷이라면 사족을 쓰지 못하는데

수컷 노릇 제대로 하기도 어려운 세상
괜히 달고 나와 번거롭기만 한 물건
애욕의 근원으로 너절한 시간이나 만들려 하는

차라리 거세된 신세가 속 편하다고?
어부여, 내 좆을 잘라 다오
저 홍어 수컷이 부럽다

어부, 또다시 돌출부를 도려낸다
아, 만만한 게 홍어 좆

달려라, 글로벌 빌리지 포장마차여

— 전라도 깊숙한 화순 골짜기
거대 리조트 뒤의 포장마차 하나
오늘밤도 마부 아줌마 입담 한번 걸쭉하구나

촌구석에서 산다고 날 우습게 볼지 몰라도
우리 마을은 이래 봬도 글로벌 빌리지의 현장이라고잉
세계 여러 나라에서 시집 온 여자들로 가득하고
그 여편네들 모아 놓고 귀하신 이 몸이 왕초 노릇하며 산당께

세상에 계집이라고 다 똑같은 것은 아닌게 벼
러시아 년은 젖퉁이 커다란 만큼 암내 풍겨 숨 탁탁 막히게 하고잉
필리핀 아낙은 영어 몇 마디 쏼라거릴 줄 안다며 어깨에 힘주고
중국에서 온 조선족은 몽땅 도시로 줄행랑쳤당께
베트남 아가씨들만 북적북적 많은디
어린 나이에 오십 대 노털들한테 시집온 거라고
조선족들은 말 통하고 얼굴 티도 나지 않는다고 도

망가 빼리니
사내들 다시 빚내서 처녀장가 간 경우가 많아라우
거금을 들였다지만 색시 친정집은 별 볼 일 없고
중간업자들만 수지맞는다는겨

어떤 동네는 십 년이 넘어도 아이 울음소리 한 번 들리지 않는다지만
우리 마을은 국제적으로 새끼 생산하기 바쁜 곳이라구
초등학교 교실에 가 보면 정말 찬란하당께
국제도시가 따로 없어라
농투사니들은 밭일만 잘하는 게 아니라 밤일도 잘하는게 벼
하기야 산골짜기서 밤에 뭐 할 일이 있겄어
일찍 사내를 잃은 이년 별바라기 팔자만 한심하지
장사라도 공치는 날은
그렇지 않아도 넘쳐흐르는 눈물 바람만 질펀거린당께

얼굴 모양 다른 외국 것들까지 몰려와 이리저리 설치고 있는데
아이고, 내 팔자야
(그래도 결론은 이렇게 끝내자고
나에게도 희망은 있어야 하니께)
자, 달려라, 포장마차야
저 어둠의 사막을 뚫고 글로벌 빌리지를 향하여!

호치키스

불똥이의 전시장에 가다
현직 대통령 사진이 생뚱맞게 걸려 있다
하지만 존안은 처참하다
얼굴 도처에 남은 난타의 흔적
이마며 입술이며
온통 호치키스 범벅이다

대통령 출마하면서
듣기 싫도록 외쳐 대잖아요
나를 찍어 주세요
나를 찍어……
그래서 호치키스를 들고 원 없이 찍어 주었지요
마구 찍었더니 그만 당선되어 버렸네요

왜, 배 아프세요
이참에
형님도 찍어 줄까요?

제3부

윤필암 사불전은 없다?

매미 오도송

내설악 끼고 낮잠이라도 자 볼까
백담사 객실에 누워 있으려니
계곡 물소리가 온몸을 뒤흔든다
눈 떠 있으라!
설악의 죽비 소리
가람의 적막을 흔드는구나

눈빛 밝은 수좌 두엇
일주문 나서며 중얼거리는데
오도송悟道頌인가
매미들 목청 가다듬고 통역을 한다

맴맴 쓰르르르
쓰르르르 맴맴

오도송도 번거롭다
이 무슨 사치냐
저 매미들 모두 자진自盡케 하라

다사다난

연말이면 으레 등장하는 말
다사다난
정말 다사다난?
너는 올해 뭘 했는가
아직 새파랗게 살아 있으면서

허허벌판에서 알몸으로 태풍이라도 맞아 보았는가
팔다리 한쪽이라도 내준 적이 있는가

들판의 야생화
꽃 한 송이 피우기 위해
얼마나 위태롭게 위태롭게 처신하고 있는 줄 아는가
때가 되면 팔다리 꺾어 버릴 줄도 알고
이웃 생각 자식 생각에
온몸 떨면서 비워 내고 있는데
뭐, 세밑이라고 무조건 다사다난
너, 올해 한 것 뭐 있냐?

수족 멀쩡한 데다

기름기 도는 낯짝 쳐들고서

훙, 좋아하네

다사다난?

윤필암 사불전四佛殿은 없다?

불단에 불상이 없다
아니, 커다란 방석만 하나 놓여 있다
단청까지 호사스럽게 잡수신 절은 절인데
아무것도 보이지 않는다
윤필암* 사불전
(아무것도 보이지 않는다는 것이 보이느냐)

승속 가리지 않고 절을 한다
불단 뒤의 커다란 유리창을 향해서 절을 한다
거대한 액자 속에 담겨 있는 풍경화 한 폭
풍경이 절을 받는다
고맙고 고마운 일이다

맞은편 능선 위에 서 있는 늙은 바위 하나
젊어서는 빼어난 용모를 자랑했겠다
세월이 할퀴면서 남긴 것은 상처투성이
결국 형태조차 문드러졌다
신라 때는 아주 예쁜 석불이라 했다

삼국유사에 기록될 정도로 귀한 사면불四面佛이라
하더니
석불도 상처를 입고 사라지누나

사람들, 자꾸자꾸 절한다
풍경 보고 절한다
부처 사라진 바위 보고 절한다
상처가 상처에게 절한다
비어 있는 공간에게 절하고
비우고자 하는 마음에게 절한다

윤필암 사불전은 텅 비어 있다
비워 놓았기 때문에 가득 차 있다
이를 알고 바람조차 바람의 풍경 밖으로 분다
(윤필암 사불전은 없다, 허허허虛虛虛!)

---

* 문경 대승사 산내 암자로 비구니 선원이 있는 전통사찰이다.

백의민족, 좋아하고 있네

1

yellow를 어떻게 번역할까
노랑? 그렇지, 노랗다
누렇다, 노르끄레하다, 누리끼리하다, 노르스름하다, 누르퉁퉁하다……
색깔 단어도 풍요로운 모국어, 자랑스럽구나
단청 색깔만큼 알록달록 화려하구나

2

강당을 가득 메운 청중을 향하여
제일 좋아하는 색깔을 말해 보라, 부탁하니
한결같이 엉뚱한 색깔만 댄다
백색은 어디로 갔는가
교과서는 백색 숭상 민족이라고 분명히 일렀거늘

하루 종일 종로 거리를 다녔지만
하얀 옷 입은 사람 보기조차 어렵구나

3

한국인의 색채 선호 조사 결과를 본 적 있다
오늘날 한국인이 제일 좋아하는 색깔은 백색이 아니었다
정답은 청색
아, 파랑

blue를 우리말로 어떻게 번역할까
파랑
그렇다면 green은?
음, 초록색
아하, 초록은 한자어
순수 우리말의 green은 어디로 갔을까

녹색혁명 같은 것과는 처음부터 담쌓기를 원했는가
blue와 green
어찌하여 우리말에는 구별되어 있지 않을까

하늘, 바다, 산, 그리고 나무와 풀들
몽땅 파랗다, 파랑
생명의 색깔이라고 침 튀기면서 말하는 사람도 없지 않지만

한국인은 파랑색을 제일 좋아한다(고 주장한다)
그렇다면 오늘의 세계인은?
일본 사람이 세계의 민족 색채 선호 조사를 했다
정답은 파랑
오늘날 세계인은 파랑색을 제일 좋아한다
그래서 한국도 국제 무대의 당당한 일원?
그렇다고 세상의 초록은 동색, 천만의 말씀이다
겉으로는 동색 운운할지 몰라도 속으론 칼날을 갈고 있지 않은가

그게 국제 관계?

4

나는 하얀 옷을 벗는다
순수하다 어쩌고, 소박하다 저쩌고
백색 위에 먹물만 들어붓는 이 욕망의 거리에서
백의민족이라는 말
그 호들갑이 부끄러워 하얀 옷을 찢는다

흥, 백의민족, 좋아하고 있네!

나는 사랑의 머슴입니다

그대 어여쁜 자태
뭇 시선 듬뿍 받을수록
이 몸은 자꾸만 오그라집니다

내 이름은 잎새
여름 뙤약볕도 온몸에 담아
꽃단장을 돕는 사랑의 머슴입니다
그대 청순하게 화장하고 얼굴을 내밀면
나는 옆에 서서 뽐내기는커녕
무대 뒤로 조용히 사라지겠습니다

꽃과 이파리가 함께 있지 않다 하여
우리를 상사화相思花라 부른다지만
한 송이 꽃을 아름답게 피우기 위해선
얼마나 많은 헌신獻身이 밑바닥에 깔려야 할까요

그대를 진정 사랑하고 있으므로
나는 그대 곁을 떠나려 합니다

(주의; 위의 가짜 연서는 어느 카사노바의 유혹 전략임 젊은 여성들, 특히 자신이 예쁘다고 폼 잡고 싶은 여성들 각별한 조심을 바람)

천전리 계곡에서

공룡 가족 산책 나와 어슬렁거리다
그들의 발자국 바위에 남기다
칠판 같은 바위 벽면에
선사시대 사람들 그림을 남기다
기하학적 무늬들
암각화로 남아 숨 쉰다
신라 화랑들 풍광 좋은 이곳에서 심신수련을 하다
법흥왕 동생이 이곳에 놀러와 글을 남기다
그의 부인
남편이 죽자 그리움 가득 안고 왕이 될 아들 데리고
다시 와 바위에 사랑의 글을 남기다

구제역인가 뭔가 하는 역병이 전국의 가축들을 생매장시키고 있는데
아무리 설날 연휴일지라도 농촌 방문 삼가 달라는데
나는 처자와 더불어 각석 앞에서
선사시대의 사냥꾼을 생각하며
공룡을 그리워하며

냇물에 나의 지문을 찍는다

생매장된 공룡의 최후를 바위에 비명으로 남기다
구제역으로 매몰된 소의 울음을 대신 새기다

성聖 똥님!

1

인간들 꼬락서니, 참 이상해
지들 뱃속에 애지중지 모시고 다니다
내질러 싸 놓고는 침 뱉고 인상부터 쓴다니까

냄새난다
더럽다
원수 만난 것보다 더 난리법석을 떤다니까

정말 인간들 하는 짓을 보면 웃긴다, 웃겨
저 높을 곳을 향해 두 손 모을 줄만 알지
바닥은 모시기는커녕 짓밟으려만 한다니까

2

나도 화나면 세상을 똥바다로 만들 수 있어

하지만 언제 내 주장 한번 펼쳐 본 적 있는가
지상에서 조용히 사라져 주는 것
무작정 잘 썩어 주는 것
그보다 아름다운 마무리가 어디에 있을까

세월 가다 보면 향기 들꽃들 내 품에서 춤추기도 하지
온 몸뚱어리 썩혀 티끌조차 남기지 않다 보면
혹시 알아!
언젠가 눈 밝은 인간 하나 나타나
나에게 큰절하고 감사기도라도 올릴는지

성聖 똥님!
무조건 썩어 주셔서 감사합니다

똥님 성자!
온몸 썩혀 향기 꽃 지천으로 피우게 해 주셔서 감사합니다

주머니 속의 부장품

노인은 주머니에서 귀한 보물인 양 꺼내 든다
휴대용 재떨이

아무데나 꽁초를 버리면 바로 거기가 쓰레기통
길에다 꽁초를 버리면
그 길 위에 서 있는 인간도 꽁초 신세

세상천지를 쓰레기통으로 만들 수 없는 것
나 하나 편하자고 지구를 재떨이로 만들 수 없는 것
주머니에서 재떨이를 꺼내는 것은
아직 쓰레기가 아니라는 신분증명

노인은 담배 한 모금 빨며
먼 하늘을 바라본다
불타는 속마음 연기로 덜어 내며
유언처럼 한마디 뱉는다

나 죽으면 관 속에 넣어 가고 싶은 것이 있다

재떨이

세상의 꽁초 다 담아 갈 재떨이

노인, 부장품을 속주머니에 넣는다

얼마나 다행스런 일이냐

동전에 양면이 있다는 사실
얼마나 다행스런 일이냐
게다가 사람들은 뒷면을 잘 보려 하지 않으니
이 또한 얼마나 다행스런 일이냐

오른손으로 받은 돈봉투
아니, 뭘 이런 것까지…… 하면서도
왼손은 잽싸게 봉투의 두께를 헤아리는 것
사람들은 잘 모를 것이다

어쩌다 젊은 미망인이라도 만나게 되면
겉으로는 위로의 말을 건네는 척하지만
속으로는 군침 흘리고 있다는 사실을
사람들은 잘 모를 것이다

매일같이 깜깜한 밤이 온다는 사실
또 다른 얼굴 만들어 검은 색칠할 수 있다는 사실
얼마나 다행스런 일이냐

고관대작 후보자들의 청문회
위장전입이니 무슨 부정이니
넘치고 넘치는 두 얼굴의 과거가 우리를 분발하게 하는구나
그런 종류의 인간들에게 커다란 감투를 씌우는 사회
얼마나 다행스런 일이냐

자, 우리 손잡고 함께 가자
저 위장전입의 부동산 투기 현장으로!
사기 치기 좋은 자선사업 현장으로!

동전에 양면이 있다는 사실
이 얼마나 다행스런 일이냐

날마다 동지

— 암흑기의 의인義人을 위하여

1

그대 먼 길 떠나고
세상 길 마냥 어둡고 길기만 하더니
오늘은 뜬눈으로 지새우게 하는 동지冬至입니다

달력에 얼어붙은 불면의 백야
어느 장기수의 계절인가요
여름이 와도 바뀔 줄 모르고 있습니다

2

먹통의 시대에 길 떠난 그대여
저 들판의 잡초들조차 해풍에 시달리면서
꽃망울을 맺으려 하니
비록 상처투성이의 비망록일지라도
이제 고쳐 써야 하겠습니다

매일 밤마다 반복되는 무덤 속의 동지라 해도
지금 새벽 등불을 들고 돌아오실 때가 아닌가요
아무리 밤이 긴 동지라 해도
동지여!
우리들 어둠 속의 동지同志여!

서울에서 오키나와까지는 얼마나 먼가요

— 죄수와 간수 혹은 그들의 재회를 기록함

1

나, 지금 성남 중앙시장께 가는데
시간 있으면 점심 식사나 함께할까
교토에서 일시 귀국한 한 민주시민의 목소리

우리들은 여름 끝자락의 무더위를 안고
뒷골목의 허름한 식당에 모였다

2

이 어른은 내가 빵에 있을 때
내 담당 간수였지, 인사 올리라고

뭐, 간수? 감옥의 간수?

산전수전 겪은 후 복덕방 하면서 풀칠했다는 노인
아직도 감시의 눈초리를 지우지 않고 힘주어 말한다
대한민국은 부동산 투기꾼들 때문에 망할 나라입니다
땅이 어떻게 치부의 대상이 됩니까
토지 몰수하기 위해 혁명을 할 수도 없고
그저 답답할 뿐입니다
땅을 팔고 사면서 치부하는 놈들
언젠가는 하늘도 팔고 사자고 덤빌지 모릅니다
하늘과 땅이 팔고 사는 물건입니까
그렇다고 대안이 없는 것도 아닙니다
토지 매매의 차익은 100% 세금으로 징수하면 됩니다
땅은 후손들에게 잠시 빌려 쓰는 자연
우리들 어머니의 가슴입니다

노인의 연설 도중에 끼어든 투사
아니 내가 빵에 있을 때는 자유민주주의가 최고라며
전향할 것도 없는데 매일같이 전향하라고 윽박지를
땐 언제고

지금 무슨 이야기 하는 겁니까
설마 혁명?
하기야 오키나와 부근의 어떤 섬에서는
토지 공개념 제도를 실행하고 있지요
새로운 주민이 생기면 토지를 그냥 나누어 주고 평생 사용케 하다가
그가 세상을 떠나면 되돌려 받지요

아, 오키나와에 가고 싶다

3

고국으로 유학 왔다가 감옥으로 끌려간 형제
군사정권은
학생에게 빨간색 칠하면서 고문을 일삼더니
청춘의 꿈에 불길을 당기게 하더니

훈장처럼 문드러진 얼굴을 만들어 주더니
아아, 이제 와서 무슨 말을 할 수 있으랴
나는 아픈 가슴을 쓰다듬으며
마주 앉은 얼굴을 똑바로 쳐다보지도 못하는데
그는 잠든 시민들에게 나누어 줄 새벽 소식을 챙기고 있다
거룩한 역사가 그의 곁으로 다가오고 있다

4

식당 문을 나와 대로에 올라섰는데 노인은 양심수를 뒤좇는다
오늘은 어디라도 동행할 테니 거역하지만 말아 달란다

뭐, 계속 감시 중인가
감옥에서 나온 지 많은 세월이 흘렀는데
아직도 전향하라는 설교가 필요한가

너털웃음을 지으며
죄수는 간수를 끌고 지하철 감옥 안으로 들어간다
땅 대신 커다란 하늘이 그들의 가슴에 안긴다

서울에서 오키나와까지는 얼마나 먼가요
나는 작별 인사를 한다
서승 형님 또 만나요

천만다행

뜨락의 꽃 한 송이
아무런 일 아니라는 듯
툭, 떨어진다

누군가 또 고개를 떨군다

살아 있는 것은 모두 끝을 본다
죽지 않는 것은 생명이 아니다

죽음이 있기 때문에 아름다운 것이다
그것도 누구나 나누어 갖는 공평한 임종
천만다행이다

그래서 세상은 아름다운 것이다

풍선과 유방과 보름달

1. 젊은 날의 연서戀書

풍선을 부니
내 품 안에서 둥근 달이 뜬다
뜨거운 입김을 담은 나의 분신이다
오장육부 깊은 곳에서 꺼낸

나의 숨결로 유방을 만들 수 있다니
촉감도 좋은
빵빵한 방을 만들 수 있다니

내 마음처럼 보름달도 싱싱하다

2. 늙은 날의 유서遺書

숨결 주머니
그 뜨거웠던 열정 어디로 갔나

어느새 쭈글쭈글
구석에 박혀 신음하고 있다

내가 애무했던 유방
점점 쪼그라들기만 하는
지난 세월 욕망의 방

싱싱할 때 터져 산화하지 못한
풍선 하나
그 위에 겹치는 주름살 얼굴

달도 차면 기우는가
스스로 기울어지는 준비를 해야지
굳이 풍선은 왜 찾으려 하는가

금강, 임종 혹은 부활

— 임종을 준비하라는 의사 말에
　예비 미망인만 참담한데
　병상의 시인은
　꺼져 가는 등불을 붙들고 시를 불러온다

(유고집으로 묶이려던 시집
아무 일도 없었던 것처럼 여느 때처럼 출판되다)

1

문병 가는 기분으로
공주 금강 물길 따라 흘러갔더니
덤으로 산다는 시인의 문화원 행사
덩달아 신이 나더라

단상에 오른 80대 소녀
고독은 풍요로울수록 좋다고
슬프도록 아름다운 거라고 일러 주더라

2

비 오는 공산성에서 금강을 바라본다
혼자서 제 마음 안으로 흘러드는 강물
낮은 곳만 찾아 나서는 강물
순간끼리 만나 몸 누울 곳 찾는 임종인가

(나태주 시인의 아쉬운 작별 인사 남겨 놓고
김남조 시인과 함께 공주를 떠나다
금강은 저 혼자서 물새 날갯짓으로 부활하고
귀중한 오늘
내 생애의 가계부에 하나 더 추가되다)

눈물도 깊어지면 창날이 되는구나

— 고드름 지사의 말씀

너희들은 모를 것이다
도시에 등 떠밀려
산중에서 살고 있는 내 마음을
그것도 움막 밖에서 거꾸로 서서 살고 있음을

겨우내 칼바람 안고
알몸에 인고忍苦 문신을 새기는 것
지붕 위에 두툼한 설산雪山 솜옷을 입혀 주니
엄동설한은 차라리 고마운 보약이다

매서운 추위 끌어안고 살아간다고
내게 순정조차 없는 줄 아느냐
어쩌다 따사한 하늘 손길이라도 마주치면
흐르는 눈물 멈출 수 없어 부끄럼도 탄단다

처마 끝에 매달려 흘리는 눈의 물, 눈물
눈물도 깊어지면 창날이 되는구나
추위를 참을수록 날카로워지는 얼음 칼날

인간 세상 더러운 꼬락서니 보기 싫어
하얀 겨울에만 나타난다고
나를 고드름 지사志士라 부르지 마라
부드러운 눈 속에
비창悲愴이 서려 있다고 천기누설하지 마라

가출한 뻐꾸기를 그리워함

1

뻐꾸기
다른 둥지에 가서 몰래 알을 낳는다
개개비는 제 새끼인 줄 알고 열심히 품어 부화시킨다

날개가 생긴 뻐꾸기 새끼 작별인사도 없이 사라진다
둥지의 주인들 속았다는 사실조차 모르고 집 떠난 새
끼를 그리워한다 무뢰한의 새끼를

내 이름은 개개비인가
남의 새끼와 제 새끼를 구별조차 못하는

세상 사람들은 모르리라
남의 새끼를 제 새끼처럼 길러 주는 그 마음을
가출한 시詩를 그리워하는 내 마음을

2

천덕꾸러기 뻐꾸기
이제 철이 들어가는가

생모가 그리워
이 산에서 뻑뻑꾹
양부모가 그리워
저 산에서 뻑뻑꾹

무명 시인 개개비
집 떠난 자식 그리워하며 밤을 새운다

거대한 물건

대형버스는 후미진 계곡의 미술관을 거쳐
승마장 앞에 선다
세상에 말 구경을 다하러 오다니

젊은 여자들 앞세우고
사육장 안에 들어서니
칸마다 서서 기다리고 있는 우람한 놈들
홍등가 진열창 안의 깔치처럼 매혹적이다

와, 저 물건
저 거대한 물건

떠들던 아가씨들 입 다물게 하는 물건
(정말 말 좆이네)
손님의 충격은 아랑곳없이 안내원은 계속 떠든다
이 경주마는 고급 승용차 값과 같다
사료는 미제 수입품이다

다음 칸 말은 얌전하게 보인다
축 처진 물건이 보이지 않는다
아, 안심이다
표지판을 보니 거세라고 표기되어 있다
뭐, 거세?
아무래도 물건을 잘라 내면 그만큼 성욕이 줄어들지요
음, 거대한 물건도 제거할 수 있다는 것
안심이다

유년 시절 놀이터 옆의 철조망
접근하면 발포함이란 경고판을 달고 있던 철조망
먼발치서 곁눈으로 봤던
주둔지 사내들의 거대한 물건
그 물건 찬란하게 휘둘러 대는 만큼
쪼그라들었던 토종 사내들
나라의 높은 감투들도 덩달아 거세되어
한복 바짓가랑이가 헐렁하기만 했던

덤벙덤벙 승마장 구경 따라갔다가
물건 구경 하나 확실하게 하다가
미군기지 철조망 동네가 떠오르는데
애마부인 흉내 내는 아가씨들은 마냥 좋다고 떠드는데
나는 승마 체험이고 뭐고
발길을 돌린다

심청이 잠수함

백령도 인당수 부근에서 군함 한 척이 바닷속에 잠겼습니다. 잠수함이 되었는가. 여러 날이 지났는데도 수십 명의 병정들이 수면 아래에서 머물고 있습니다. 수백 년 전에 용궁으로 들어간 심청이를 찾으려는지 시간이 걸리고 있군요. 마지막 남은 깜깜한 세월의 봉사 나라. 하기야 눈 뜨게 하는 일이 그렇게 간단할 수야 없겠지요.

두 동강 난 군함
두 동강 난 한반도
눈먼 조국의 산하는 봄을 안고도 아직 꽃다발 받을 자격이 없어
수병들은 계속 잠수 중인가 봅니다

이 땅은 언제까지 남아 있는 자들의 눈물을 뽑아
파도를 높게 쌓아 올려야 할까요
무차별 육박전의 파도
백령도 바닷물은 까맣게 멍들어 갑니다
산천초목도 할 말을 잃고 있습니다

꿀벌의 천기누설

1

난봉꾼아
내가 매일 꽃밭에서만 산다고 그렇게 배가 아프냐
치맛자락 풀어 헤친 꽃대궁 깊숙한 곳에서
날이 지는지도 모르게 애액愛液만 빨아 먹는다고
이년 저년 아름다운 꽃들의 품속에서
청춘을 다 보낸다고
정말 배 아플 정도로 부럽고 원통하냐

난봉꾼아
침 흘리고 있는 너에게
하늘의 비밀 한마디만 전하고 싶구나
난봉꾼도 나름대로 철학이라는 게 있는 법이니
내가 꽃밭에서 산다고 먹고 노는 것 보았느냐
게다가 명심할 것은
절대로 남에게 상처를 주지 말지니
내가 언제 꽃들에게 상처를 주더냐

치맛자락 강제로 벗긴 일도 없을뿐더러
후환을 남기지도 않는다
내가 바람이나 피우면서 평생을 탕진하는 것처럼 보일지언정
꽃들의 아픈 곳을 보듬어 주고 있을 뿐
상부상조란 말처럼 아름다운 것이 세상에 어디 있느냐

2

난봉꾼아
너의 꿈은 꽃밭에서 영원히 사는 것일 테지만
여색과 장수
한몫에 두 가지 다 챙길 수는 없단다
꽃밭에서 일생을 보내겠다면
가장 소중하다는 것 하나쯤은 포기해야지
그것은 뭔가

바로 목숨이지 않겠는가
이 난봉꾼 놈아
말로는 짧고 굵게 사는 것이 최고라며?
뭘 여색에 장수까지 탐하느냐
내 생애는 불과 몇 개월
나는 장수하기를 포기하고 꽃밭에서 산다

어때 폼 나지 않느냐
꽃밭에서의 요절
누가 복상사를 두려워하랴
순절할 각오도 없이 무슨 바람을 피우겠다 덤비느냐
몽골의 갈기 휘날리는 종마種馬
한 다스의 암컷을 거느리는 대신
수명을 반으로 단축시키는 것
너는 그것도 모르고 있느냐

3

꽃밭에서 꽃들과 아기자기 살아오던 내 한 생애
세상이 각박해지니 이제 내 짧은 인생이나마
지탱하기 점점 어려워지는구나
전자파라든가 그 뭐라든가
도처에 깔려 있는 그놈들 때문에 나는 오늘도 방향을 잃는다
게다가 살충제라는 것은 왜 그리 자욱이 뿌려대느냐
지구는 자꾸만 뜨거워지고 있는데
정말 미치겠구나
꽃들의 요염한 자태도 예전만 같지 않은데
하루하루 살기가 정말 지옥이구나

세상의 난봉꾼들아
우리들이 지구 상에서 멸종한다면
질투할 대상이 없어 기분 좋을 것 같으냐
너는 하나는 알면서 둘은 모르는구나

우리들이 기운을 차리지 못하면
꽃들도 예쁘게 화장할 의욕조차 잃으며
치맛자락도 펼치지 않을 테니
누가 아름다운 화원을 계속 이어 줄 것이냐

이 난봉꾼들아
꽃들을 울리면 나도 죽고
결국 너희들도 죽게 된다는 사실
어떻게 설명해야 알아듣겠느냐

어떤 호접몽胡蝶夢

1

호화 양장 흑백사진집에 모셔져 있는
배춧잎들
흐드러지게 자태를 뽐내고 있다

사진가는 말하려는가
세상에 하찮은 것은 없다
배추라는 존재 또한 얼마나 고귀한 것인가

발길질로 상처받던 배추
드디어 우아한 귀부인 대접을 받았구나
장미라도 부럽지 않겠다

2

나비가 배추밭에 날아온다

꽃이 나비가 된다
나비가 꽃이 된다

이를 물끄러미 바라보던 나도
나비를 따르다가 꽃을 따르다가
아휴, 어지러워

3

나는 흐린 눈을 비빈다
나비도 없고 꽃도 없다
다시 한 번 눈 비비고 사진집을 펼치니
배추가 없다!
나비와 함께 배추도 사라졌는가

배추 모습 아래에 박혀 있는
작은 활자의 작품 제목

장미?

그러면 그렇지, 어디 감히 배추 주제에……
큰일 날 뻔했다
사진가를 오해하려 했으니

4

배추는 없다
장미도 없다

아, 헷갈리기 시작한다
그렇지 않아도 헷갈리게만 하는 세상

친구야, 술이나 마시러 가자
이 세상이 어디 맨 정신으로만 있게 하더냐

바람 좀 피워 다오

바람 부는 날 언덕에 올라
연을 날린 때가 있었다
하늘을 향하여 마냥 연줄을 풀며
그늘진 마음을 풀어 놓은 때가 있었다

오늘은 바람 한 점 없는 무시 날
한 뼘조차 오르지 못하고
납작 엎드리기만 하는 종이연

연줄이 끊어지도록
언제 다시 하늘 높이 날아 볼 것인가
바람아 불어라
싱싱, 싱싱 불어라

하늘아
제발 바람 좀 피워 다오
나도 바람피우며 날아오르고 싶다

하늘 높이 끓어오르는 연정을 실어
산 너머의 그대에게 나를 띄워 보내고 싶다
봄이 와 머물고 있다는 그곳까지

한강을 건너며

1

저녁나절 한강을 건넌다
구름 사이로 쏟아지는 햇살에
살갗이 간지러운지
부르르 강은 떨고 있다
너 윤슬

(여울과 희롱하는 햇살을 감상하다가
뒤차의 경적에 놀라다
앞차는 어느새 저 멀리 달아나 있고)

운전하다 말고 무슨 한강 감상을?

2

수도 한복판에 한강처럼 큰 강이 흐르는 나라가
어느 곳에 있는가

워싱턴, 파리, 도쿄, 베이징?
수도에 북한산과 같이 큰 산을 가지고 있는 나라가
세계의 어디에 있는가
베이징, 도쿄, 파리, 워싱턴?
서울은 복 받은 도시다
그런데 서울을 왜 지옥이라고 부르는가

욕망의 도시
서울은 목하 전쟁 중
시민은 피곤하다

(한강을 건너다가 교통체증에 졸음이 몰려와
강변도로 옆에 가까스로 차를 세우고 눈을 붙이다
언젠가부터 길가에서 눈을 붙이는 횟수가 늘고 있다
참으로 피곤한 세월이다
참으로 피곤한 심신이다)

운전하다 말고 무슨 잠을?

화장터 만들기

인구 천만 명이라는 서울특별시에
화장터 하나 없어

서울은 생일만 넘치고
사망일은 없는 도시 같다고 오해하게 되었는데
특히 동네 한가운데에 공동묘지를 안고 사는 외국인들이 보면
그것 참 웃긴다고 말할 텐데

서울시에서 우리도 화장터 하나 만들자고
청계산 자락에 터를 잡으니
지역 주민들 떨쳐 일어나 데모하고 재판을 걸었다
혐오시설 결사반대
결사반대?
목숨 내놓고 반대하다 죽으면
그 사람들 어디로 가려고?

화장터 잘 만들어 보자는 위원회에 차출되어

이따금씩 공사장에 가 건설 과정을 확인한다
건물을 예쁘게 꾸미기 위해

아, 아름다운 화장터여
아니, 이름도 고상한 추모공원이여

언젠가 부산에서 대형사고가 나
숱한 유가족을 만들었다
망자 앞에서 땅을 치며 대성통곡하는 한국 사람들
하지만 슬픔을 참으며
죽음을 감내하는 이웃 나라에서 온 사람들
주검 앞의 한일 양국이 너무 비교되어 민망하게 한 TV화면
무슨 말을 할 수 있을까

화장터 공사장을 출입하면서
나는 한 수 배운다
죽음도 삶의 일부

언젠가는 누구나 가야 할 곳
공동묘지 옆 아파트 단지가 그립다

무덤을 영원한 안식처라고 주둥이로만 떠드는 자
능지처참할 놈이다

제4부

동해별곡東海別曲(장시)

동해별곡東海別曲

1. 자, 떠나자, 동해바다로

가자, 가자, 동해바다로
고래 잡으러, 아니 고래에게 잡아먹히러
가자
이깟 놈의 세상, 있는 놈들만 갈수록 배불리는 세상
무슨 재미로 살겠느냐
자, 떠나자, 동해바다로

요즘은 강원도 산길도 직선으로 뻗고
설악산 뱃속도 터널로 뚫려
그 뭣이냐, 고속도로라더냐
동해 수산물 건지자마자 신속하게 서울로 퍼 올리는 길
그 고속도로를 달려 우리도 단숨에 도착해 보자
자, 떠나자, 동해바다로

과속으로 달려 차라리 동해 푸른 바다에 풍덩 빠지자꾸나

고래가 사는 용궁으로 직행하여 딴 세상에서 환생할 꿈이나 꾸어 보자
주문진 해변의 묘지도 버리고
바람이 분다, 살아야겠다고 사기 친 시인도 버리고
강릉의 매서운 봄바람도 버리고
한계령 미시령 진부령 다 버리고
자, 떠나자, 동해바다로

2. 당신은 38선을 지나고 있습니다

아, 38선
6 · 25전쟁은 서쪽의 개성과 동쪽의 금강산 턱밑을 맞바꾸었구나
38선 넘어가는 길, 뭔가 가슴을 흔드는 길
내친김에 고성 땅까지 올라가자
휴전선 내음 진동하는 곳

그 남방한계선까지 달려 부러진 허리의 현장을 안아 보자

길은 분명히 길인데 갈 수 없는 길
거역의 땅
길조차 걷어 내는 불모의 대지

출입금지!
금지!
금지!
접근금지!

꽉 막힌 세상
우리는 왜 이렇게 앙숙이 되어 삿대질만 해야 하느냐
하늘을 나는 새들에게 부끄러울 따름이다

3. 텅 빈 절터

폐허로구나
폐허!
그래서 민간인 출입금지 구역으로 오랫동안 묶어
놓았다더냐
총칼 들고 서 있는 것
쥐꼬리만큼의 부끄러움이나마 가지고 있었단 말이냐
폐허를 안은 적막강산
거기가 바로 금강산 남녘 끝자락 고성 건봉사로다

건봉사는 전쟁 전만 해도 설악산 일대의 최대 사찰로
신흥사 백담사 낙산사 보살피던 대본산이지 않았더냐
조선시대는 3천여 칸의 전각을 자랑했던 곳
건봉사, 웬 날벼락인가
전쟁은 766칸의 건물을 몽땅 날려 버리고
왕실 하사품과 각종 진귀한 보물들 재로 만들었구나

역사의 현장을 날려 버렸구나
하여 텅 빈 절터로다
바다에서 놀러 온 숫기의 바람만이 주인이로다

전쟁의 친구는 폐허

유엔 폭격은 대웅전을 날려 버렸고
그래도 국군 전투부대의 최전방 주둔지
결국 국군에 의해 재가 되었구나
원통한 일이로다
거대한 가람 다 날려 버리고 가까스로 남은 것
그 유일한 생존자는 입구를 지켜 준 불이문
번뇌의 세계에서 깨달음의 세계로 들어가게 하는 문
무엇이 번뇌인지도 모르는 몽매한 자들을 위해
문 하나만 덜렁 남겨 놓았구나

무엇을 위한 전쟁이었더냐

4. 전쟁에 녹아 버린 신라범종

오대산 월정사 역시 전쟁 통에 잿더미로 바뀐 곳
그 무엇이더냐, 후퇴하면 했지 초토화 작전이라나 뭐라나
천년 고찰이라도 단숨에 불바다를 만드는구나
부끄러운 무력의 시대
쇠붙이조차 부끄러워 스스로 녹아들던 시대
무엇 때문에 목숨을 붙들고 있었느냐

해방 직후 설악산 선림원 절터에서 솟아오른 신라범종 하나
왜 하필이면 그때 세상에 나왔는가
오랜 세월 기다리다 무엇이 그렇게도 급했단 말이냐
이왕 잠든 것, 조금만 더 참을 것이지
지상에 오른 선림원 범종 급히 수습되어 월정사로 옮겨졌구나
그런데 이게 무슨 날벼락이냐

월정사 불바다 되니 선림원 신라종도 녹아 사라지는구나
어허, 범종이 불타네
으흐흐, 신라종이 녹아 없어지네
상원사는 방한암 큰스님 계서 문짝만 뜯겨 불타는 바람에
제일 나이 많은 신라종을 지킬 수 있었는데
선림원 종아, 하필이면, 하필이면
세월 수상할 때 잠을 깨어 스스로 명줄 재촉했구나

하기야 전쟁이라는 이름으로 사라진 범종이 어디 한둘이었겠느냐
그래, 누굴 위한 전쟁이었던가
예쁜 종소리 잠재우고 대신 폭격 소리 남발하여
지옥을 자꾸 만들면 도대체 누가 수지맞는 것이냐
종소리 사라지고
자비의 원음 사라지니
조국 강산은 철조망 산천으로 바뀌고

종소리 넘치던 곳
민초들의 한숨 소리만 지천으로 깔리는구나

5. 신난다, 불구경

건봉사에서 역사의 이끼가 묻어 있는 것은
개울 건너게 하는 능파교 구름다리뿐
왜 돌다리도 불 질러 없애 버리지 않고
십바라밀 도상 새겨진 돌기둥도 태워 버리지 않고
음, 돌덩어리만 남겨 두었구나
옛사람들 나무 집 좋아하여
그것도 낮게 옆으로만 뻗어가게 했으니
불을 피하기 위함이로다
목조건축의 적은 화마, 불나면 끝장이지 않은가

건봉사는 전쟁 덕분에 다 날아갔다

아흐, 신난다, 불구경
장군은 신난다
계속 화염을 뿜으니 어깨에 계급장 하나씩 올라가고
땅에 떨어진 모가지 숫자만큼 훈장 숫자도 올라가고
신난다
모가지 떨어지는 구경
불구경
절 타는 구경
종 녹아 없어지는 구경

6. 유일한 치아 진신사리탑

건봉사에 부처님 치아 진신사리를 모신 탑이 있다고요?
세상에 그냥 진신사리도 아니고 치아 사리!
부처님 이빨이라는 뜻인데
그 무슨 말씀인가요

임진왜란 때 끌려간 포로를 데리러 일본 섬에 갔던
사명대사
왜놈들이 약탈해 간 통도사 진신사리까지 찾아와
후세의 안전을 위해 건봉사에도 나누어 봉안케 했구나
바로 치아 사리로다
진신 치아 사리탑 다시 세우니
건봉사는 적멸보궁이로다

신라 자장율사가 중국에서 귀국할 때 모시고 온 진
신사리
이를 양산 통도사, 평창 월정사, 영월 법흥사, 정선
정암사, 인제 봉정암에 모시니
5대 적멸보궁이로다
여기에 통도사 진신사리를 건봉사에 나누어 봉안했
으니
건봉사까지 넣어 6대 적멸보궁이 되는구나
국난 극복의 대장 사명대사의 원력이 다시 한 번 빛
나는도다

6대 적멸보궁 가운데 유일하게 치아 진신사리를 모신 건봉사 사리탑
1986년 폐허의 가람에
민간인 출입금지라는 허점을 이용한 도굴범들
마침내 진신사리탑을 능욕하고 말았구나
아, 탑 안에 봉안되었던 치아 진신사리 12과, 검은 손안에 들어갔구나
이 무슨 변괴인가
전쟁으로 가람이 전소된 피해도 억울한데
마침내 사리탑까지 능멸당하다니
모멸의 시대여, 어서 가거라

돌아오소서
부처님이여

지성이면 산천도 응하는가
치아 사리 12과 가운데 가까스로 8과 되돌아오니
건봉사의 품격 다시 지키게 되었구나

1996년 사리탑 안에 3과를 봉안하고
나머지 5과는 별도의 금제사리함에 모셔 공개하니
누구라도 친견할 수 있게 되었도다
업장이 두터운 중생들에게 환희심을 듬뿍 안겨주게 되었구나

진신사리를 친견하기도 어렵지만 치아 진신사리는 더욱더 어려운 것
건봉사에서 눈 크게 뜨고 살펴보자
부처님 치아는 모양도 각각 다르지만 생각보다 크구나
어허, 내 어금니도 커지는지 꿈틀거리는 것 같다
아니, 그렇게 감화를 받고 싶구나
치아 사리는 진주같이 은은한 색깔을 내고
주위의 환경에 따라 색깔이 변하기도 하는구나
하기야 진신사리의 숫자조차 보는 이의 근기에 따라 다르게 보인다고 하지만
아니 나쁜 놈의 눈에는 진신사리조차 뱀으로 보이게도 한다지만

인도에도 없고, 중국에도 없다는 치아 진신사리
다만 스리랑카에만 3과가 남아 있다는데
건봉사는 진신사리탑 이외 공개한 치아 사리만도 5과
세계 유산이로구나
복 받은 금수강산
더 이상 전쟁하지 말라는 징표가 아니겠느냐
보물 중의 보물을 지키려면
더 이상 전쟁하지 말라는

7. 만일 동안 염불을!

이 무슨 소리인가
염불 만일!
아니 만일 동안 염불하면서 수행했다는 것
만일이라, 그렇다면 27년 반!
오, 생애의 절반을 염불 수행에 매진했단 말인가
그것도 31명의 스님들이 모여서

신라 8세기 중엽의 일이로다
이들 스님들 열심히 염불수행하여 만 일째 되는 날
육신의 껍데기는 지상에 벗어 놓고
마음만 하늘로 올라갔다는데
31명의 스님들이 하늘로 올라가는 장면이 아주 장관이었다는데
등공騰空이라
하늘로 올라가 극락으로 직행했다는데
염불수행에 동참했던 1천 명 이상의 신도들도 뒤따라갔다는데
건봉사의 만일염불회 전통은 계속 살아왔다는데

28년이라!
나는 단 28일 동안도 수행에 매진할 수 없는 졸장부인데
이를 어쩌면 좋단 말인가
일단은 거부의 몸짓으로
무슨 전설이 그래요, 등공이라니?

어찌 사람이 옷 벗어 놓고 수십 명이 동시에 하늘로 올라갈 수 있어요

그것 참, 휴거가 따로 없네

신라시대에 웬 휴거?

하기야 신심 없는 자가 어찌 신앙의 이적異蹟을 이해할 수 있단 말인가

등공대여, 미안하구나

8. 한용운이 꿈을 키운 곳

만일염불을 기리는 비석 하나

1904년에도 세웠구나

그런데, 이 무슨 조화인가

1905년에 출가했다는 만해 한용운의 이름이 비석에 이미 올라 있구나

건봉사는 싱싱하다

젊은 만해를 다시 생각하게 하는구나

만해에게 건봉사는 어떤 곳이었을까
세상에 알려진 것보다 일찍 절에 들어와 수행했던 곳
백담사에서 님의 침묵을 쓰기 전에 기초를 닦았던 곳
건봉사 역사를 책으로 엮은 곳

만해도 염불만일회에 감동한 경험이 있었구나
등공이로다
평생의 절반을 일념으로 수행했으니
무엇인들 이루지 못할 게 있었겠느냐

만해의 위대한 행보, 건봉사에서 토대를 닦았구나

9. 등공대에 올라가 보세

드디어 열리는구나
1989년 민통선이 북상하니
건봉사도 민간인 출입이 자유로워지는구나

건물을 하나둘 세우기 시작하니
폐허를 떨구어 내는구나

새날이 왔으니
이참에 우리도 등공대에 올라가 보자
자, 주지스님 안내로 뒷산에 올라가 보자
철조망으로 둘러쳐진 출입금지 구역 밀쳐 내고
지뢰라는 팻말 비껴 세우고 조심스럽게 발걸음을 떼어 보자
뭔가 특별한 곳이라는 느낌이 들지 않는가
좌청룡이 날고, 우백호가 뛰는 곳
명당이로다
금강산의 위용이 여기 와서 장쾌하게 마무리되는구나

신라범종을 닮은 승탑형의 석조 등공대
나이야 백 살 정도밖에 되지 않지만
등공을 기리는 석조물임에는 틀림없으리라
우람한 등공대

어허, 이 무슨 일인가
온몸이 상처투성이로구나
한국전쟁 당시 총 맞은 상처 아직도 싱싱하구나
후벼 파헤쳐진 상처
내 몸의 상처, 통증으로 다가오는구나

10. 남방한계선에서

등공대 효험 있어 누구나
한 가지의 소원은 들어 준다는 이야기를 듣고
무엇을 빌까, 나만의 부귀영화 아니면 국태민안
아, 남북통일, 인류평화
빌 것이 너무 많아 어물어물 시간만 보내다 숙맥으로 돌아서는구나
대신 서쪽 능선을 바라보니
남방한계선을 표시하는 철책 기둥 두어 개 보이는데

그 산 너머가 바로 금강산 아래 자락
이북 땅!
가고 싶어도 갈 수 없는 금단의 땅
새들과 산짐승들만 오가는 비무장지대
후각이 발달된 짐승들, 용케도 지뢰밭 피해 왕래하는 특수지역
최전방의 바람은 을씨년스럽게 불어오는구나
바람아, 미안하다
너희들만 외롭게 다니게 해서 정말 미안하구나

11. 옷을 벗고 싶다

거추장스럽다
옷을 벗고 싶다
육신의 옷을 벗어 훨훨 날려 보내고 싶구나

뭔가 듬뿍 챙겨야 훌륭한 사람이라는 사회에서

벗어던지고 싶구나, 몽땅
빈손으로 왔으니 항상 빈손으로 다니고 싶구나
저, 산 너머 땅
어차피 지뢰밭 때문에 걸어갈 수 없으니
등공이로구나, 하늘로 날아 건너가자
날아가자

12. 분단된 바닷물 호수

젊은 군인들 멈추라고 신호한다
이름과 전화번호를 묻고 차 번호를 적는다
작전지역을 통과하니 화진포라, 아름다운 해변이로구나
고래는 어디에 있는가
아, 여기 고래가 있다!
바로 고성해양박물관 안에

그 고래 죽어 있어 이 몸 육보시하지 못하고
동해로 나오니 파도는 줄기차게 일렁거리고 있구나

화진포 해변과 맞닿은 커다란 호수
세상에, 바닷물도 갇혀 호수가 되다니
아, 파도가 갇히다니, 뭐라더라 석호潟湖라든가
바닷물조차 분단되어 두 개로 나누어진 호수
풍경은 그럴듯하다만, 왜 갈라섰느냐
민물이냐, 짠물이냐
한마디로 너는 좌파냐, 우파냐
호수야
도대체 너의 정체는 무엇이냐

13. 불의 알

해변 끝자락 산 중턱에 김일성 별장이 떡 버티고 있고

그 안쪽으로는 이승만 별장
가운데는 왜소한 이기붕 별장
양대 거두 사이에 끼어 있는 부통령
어허, 그러고 보니 이기붕의 최후만 가족 몰살로 장식했구나
왜 그랬을까, 퀴즈
정답은 양수겸장!
배산임수의 명당론을 거부한 죄로다

김일성 별장 안에 들어서니
남북 관계 사진들 즐비하게 붙어 있고
이북 말 단어집도 붙어 있는데
퀴즈 하나 심심풀이로 풀어볼까
전구는 이북 말로 무엇이라 하는가
세상을 밝히는 소중한 존재
인류에게 빛을 주는 구세주 같은 것
그 전구를 뭐라고 불러야 하는가
그대는 아직도 모르겠는가

전구의 이북 말은, 맨입으로 말해도 되나요
정답은 불알, 아, 불의 알
어허, 좋을시고, 정말 좋구나, 불알
그렇다면 샹들리에는?
그대 아직도 감이 떠오르는 것 없는가
정답은 떼불알, 오, 떼 불 알
오매, 좋은 것, 불알이 떼로 몰려 있다니!
누구는 좋겠다
불알을 잘 모시자
남남아, 북녀를 위해 부디 불알을 잘 간수할지어다
불의 알!
이 얼마나 고귀한 것이냐
이는 금수강산을 지킬 파수꾼의 에너지로다

14. 집집마다 상처를 안고 사는 마을

고성 해변마을은 썰렁하다

금강산 관광 두절된 후 매사는 하락 일로
먹고 살 대책 없어 이사 가는 집들만 즐비하구나
아이들 떠드는 소리 끊어진 지 오래
초등학교 교실은 날로 줄어들고
차라리 나이 50대는 젊은 축
고향 떠날 수 없는 노인들만 어슬렁거리고 있구나
동네의 반이 비는구나
바다 하나 믿고 살아왔던 어촌
중국 어선들 떼로 몰려와 바닷속 싹 쓸어 가니
어족들 씨가 마르는구나
뭍이나 바다나 도매금으로 씨가 마르고 있구나
항구의 공판장에 산더미처럼 쌓여 있어야 할 고기들
지금은 빈터
바닷바람만이 놀다 가는구나
빈터만큼 바람의 덩치만 더 커지고 있구나

올해는 풍어제를 더욱 정성껏 올리세
여신당에 더 많은 남근상 깎아 모시고

여신들 한을 달래어 주세
고기잡이 배 풍랑으로 뒤집어져
제삿날이 같은 어촌의 과붓집들
집집마다 아픔 없는 집이 어디에 있으랴
풍파 센 마을치고 상처 없는 집이 어디에 있으랴

15. 수복의 땅

고성은 원래 38 이북의 이북 땅
인공 치하의 이북 땅
전쟁을 치르며 수복하는 과정에서
이데올로기 깃발 때문에 집집마다 상처가 깊은 땅
전쟁에 남편 잃고 풍랑에 자식 잃고
과부들 팔자가 드세다 보니 족보 또한 복잡해지는구나
그래도 모진 목숨 살아남아야
북에 두고 온 가족이라도 만날 수 있지

옆에 아바이 마을이라는 데도 있지만
통일되면 가족 빨리 만나고 싶어 멀리 가지도 못하는 피난민
이 답답한 피난 생활 언제까지 이어질까
손주까지 보고 있는데
북녘의 부모 형제들 언제 만나 한을 풀 수 있을까
어쩌다 바람에 들려오는 소식은 부고訃告뿐
죽음만이 한 많은 인생과 작별하게 하는구나

16. 내일도 해는 떠오른다더냐

가자, 동해바다로
가자, 북녘 땅으로
통일이 어렵다면 차라리 고래 밥이라도 되자
남북 경계선 맘대로 넘나드는 고래의 몸이라도 되자

내일도 동해바다 밑바닥에서 해는 떠오를 것인가

고래야

철조망 없는 바다에서 사는 고래야

진정 내일도 해는 떠오른다더냐

그런데 너 고래야

어디에 숨어 있니

새 천지 만나려면 아직도 더 기다려야만 하니?

여기가 동해바다 맞기는 맞느냐

고래야

독도가 지켜 주고 있는 동해

여기가 그 동해 확실히 맞는 곳이냐

고래야

시인 윤범모

〈동아일보〉 신춘문예 미술평론 등단
『시와시학』 신춘문예 시 등단
가천대학교 미술디자인대학 교수
시와시학 시인회 회장
한국큐레이터협회 회장

시집 『불법체류자』(1988)
『노을씨氏, 안녕!』 (2009)
저서 『미술과 함께, 사회와 함께』(1991)
『한국근대미술 - 시대정신과 정체성의 탐구』(2000)
『평양미술기행』(2000)
『화가 나혜석』(2005)
『김복진 연구』(2010)

E-mail : younbummo@hanmail.net

멀고 먼 해우소

지은이 | 윤범모
펴낸이 | 김재돈
펴낸곳 | 도서출판 시와시학
1판1쇄 | 2011년 12월 30일
출판등록 | 2010년 8월 10일
등록번호 | 제2010-000036호
주소 | 서울 종로구 명륜동1가 42
전화 | 744-0110
FAX | 3672-2674

값 8,000원

ISBN 978-89-94889-27-6 03810